EN KOKBOK MED MINTKRÄM

Upptäck mångsidigheten hos Crème de Menthe med en samling av 100 recept

FILIP SÖDERBERG

Copyright Material ©2024

Alla rättigheter förbehållna

Ingen del av denna bok får användas eller överföras i någon form eller på något sätt utan korrekt skriftligt medgivande från utgivaren och upphovsrättsinnehavaren, förutom korta citat som används i en recension. Den här boken bör inte betraktas som en ersättning för medicinsk, juridisk eller annan professionell rådgivning.

INNEHÅLLSFÖRTECKNING

INNEHÅLLSFÖRTECKNING 3
INTRODUKTION 6
FRUKOST OCH BRUNCH 7
   1. Creme de Menthe Chocolate Chip Pancakes 8
   2. Creme de Menthe French Toast 10
   3. Creme de Menthe chokladvåfflor 12
   4. Creme de Menthe frukostparfait 14
   5. Chokladcroissanter Creme de Menthe 16
   6. Creme de Menthe avokadotoast 18
   7. Creme de Menthe fruktsallad 20
   8. Mintchokladchippannkakor 22
   9. Mintchokladvåfflor 24
   10. Mint Scones 26
   11. Mint och Ricotta Toast 28
   12. Creme de Menthe mintmuffins 30
   13. Creme de Menthe frukostsmoothie 32
   14. Creme de Menthe Bananbröd 34
   15. Creme de Menthe Frukostcrepes 36
   16. Creme de Menthe Frukost Havregrynsgröt 38
   17. Creme de Menthe Frukostgryta 40
SNACKS OCH APTITRETARE 42
   18. Creme de Menthe Cream Puffs 43
   19. Creme De Menthe No-Bake Cookie Balls 46
   20. Andes Creme de Menthe Cream Cheese Cookies 48
   21. Mint Chocolate Chip Dip 50
   22. Mintiga grillade räkspett 52
   23. Mintiga chokladtryffel 54
   24. Andes Crème De Menthe Cookies 56
   25. Creme de Menthe barer 58
   26. Mynta och bärsallad 60
   27. Creme de Menthe Cheesecake Bites 62
   28. Creme de Menthe Choklad Jordgubbar 64
   29. Creme de Menthe Brownie Bites 66
   30. Creme de Menthe Chokladbark 68
   31. Creme de Menthe Mint Choklad Fudge 70
   32. Créme de Menthe chokladtäckta pretzels: 72
   33. Creme de Menthe Mint Choklad Popcorn 74
   34. Creme de Menthe Rice Krispie godsaker 76
HUVUDRÄTT 78
   35. Mintad Quinoasallad 79

36. Creme de Menthe glaserad lax 81
37. Creme de Menthe svamprisotto 83
38. Creme de Menthe Kyckling Alfredo 85
39. Creme de Menthe Glaserad fläskfilé 87
40. Creme de Menthe Räklinguine 89
41. Creme de Menthe Beef Wokning 91
42. Creme de Menthe grönsakspasta 93

DESSERT OCH GOTT 95
43. Gräshoppa Brownies Supreme 96
44. Färsk trädgårdsmyntglass 99
45. Choklad Mint Espresso Paj 101
46. Creme De Menthe Parfait 103
47. Creme de Menthe kakkakor 105
48. Creme de Menthe Chokladmousse 107
49. Creme de Menthe Ice Cream Float 109
50. Creme de Menthe Choklad Cheesecake 111
51. Chokladfondue Creme de Menthe 113
52. Limepaj med Creme de Menthe 115
53. Browniesufflé med mintkräm 118
54. Oreo Mint Glass 120
55. Mint Chip Cheesecake Mousse 122
56. Marshmallow maräng gelato tårta 125
57. Creme de Menthe Choklad Trifle 127
58. Creme de Menthe gräshoppapaj 129
59. Creme de Menthe Chocolate Chip Cookies 131

KRYDDER 133
60. Creme de Menthe Mintsås 134
61. Creme de Menthe Mint Jelly 136
62. Creme de Menthe Mint Pesto 138
63. Creme de Menthe Mint Chimichurri 140
64. Creme de Menthe Mint Salsa 142
65. Mint Pesto Dip 144
66. Mintyoghurtsås 146
67. Mynta Aioli 148
68. Mintsenap 150

COCKTAILS 152
69. Frostbite Tequila Cocktail 153
70. Choklad Mint Oreo Drink 155
71. Födelsedag Creamy Delight 157
72. Creme de Menthe Glassshots 159
73. London dimma 161
74. Stinger 163
75. amerikansk skönhet 165

76. Uppstå min kärlek 167
77. Monte Carlo 169
78. Pall Mall Martini 171
79. Isberg 173
80. Mint Patty Martini 175
81. Flygande gräshoppa 177
82. Blandad Mocka Frappe 179
83. Kaffe gräshoppa 181
84. Helvit Frappe 183
85. Irländsk Ängel 185
86. Bushmills Irish Coffee 187
87. Gräshoppa Cappuccino 189
88. Kakao-mint Espresso Shake 191
89. Kahlúa Crème De Menthe Coffee 193
90. Choklad Stinger 195
91. Fallen Ängel 197
92. Grönt Swizzle 199
93. Vitklöver 201
94. Mint Chocolate Chip Smoothie 203
95. Pepparmynta Boba te 205
96. Creme de Menthe Sparkler 207
97. Creme de Menthe White Russian 209
98. Creme de Menthe Fizz 211
99. Creme de Menthe Daiquiri 213
100. Creme de Menthe Margarita 215

SLUTSATS **217**

INTRODUKTION

Välkommen till "En kokbok med mintkräm", där vi utforskar den härliga mångsidigheten hos denna livfulla och uppfriskande likör genom en samling av 100 aptitretande recept. Crème de Menthe, med sin klargröna nyans och skarpa mintsmak, är en älskad ingrediens i cocktails och desserter, men dess kulinariska potential sträcker sig långt utanför baren. I den här kokboken hyllar vi den unika smaken och mångsidigheten hos crème de menthe, och visar upp dess förmåga att lyfta både söta och salta rätter med en explosion av sval mintfriskhet.

I den här kokboken kommer du att upptäcka en mängd olika recept som lyfter fram den livliga smaken och den uppfriskande doften av crème de menthe. Från klassiska cocktails och dekadenta desserter till salta såser och marinader, varje recept är framtaget för att visa upp de unika egenskaperna hos denna älskade likör. Oavsett om du är ett fan av mintiga mojitos, överseende gräshoppapajer eller salta rätter med en ton av mynta, finns det något för alla att njuta av i den här kollektionen.

Det som utmärker "En kokbok med mintkräm" är dess betoning på kreativitet och innovation. Medan crème de menthe ofta förknippas med cocktails och desserter, utmanar den här kokboken traditionella föreställningar genom att utforska dess potential i ett brett utbud av kulinariska tillämpningar. Med sin klargröna färg och uppfriskande smak ger crème de menthe en unik twist till både söta och salta rätter, vilket gör den till en mångsidig ingrediens för både hemkockar och professionella kockar.

I den här kokboken hittar du praktiska tips för att laga mat med crème de menthe, samt fantastiska fotografier som inspirerar dina kulinariska skapelser. Oavsett om du är värd för ett cocktailparty, förbereder en speciell efterrätt eller experimenterar med nya smakkombinationer i köket, inbjuder "En kokbok med mintkräm" dig att släppa loss din kreativitet och upptäcka de läckra möjligheterna med denna ikoniska likör.

FRUKOST OCH BRUNCH

1. Creme de Menthe Chocolate Chip Pancakes

INGREDIENSER:
- 1 kopp universalmjöl
- 1 matsked socker
- 1 tsk bakpulver
- ½ tesked bakpulver
- ¼ tesked salt
- ¼ kopp creme de menthe likör
- ¼ kopp mjölk
- ¼ kopp chokladchips
- 1 ägg
- 2 msk smält smör
- Vispad grädde (valfritt)
- Chokladsås (valfritt)

INSTRUKTIONER:
a) I en mixerskål, kombinera mjöl, socker, bakpulver, bakpulver och salt.
b) Vispa ihop creme de menthe, mjölk, ägg och smält smör i en separat skål.
c) Häll de blöta ingredienserna i de torra ingredienserna och rör om tills det precis blandas. Övermixa inte; vissa klumpar är okej.
d) Vänd försiktigt ner chokladbitarna.
e) Värm en stekpanna eller non-stick stekpanna på medelvärme och smörj den lätt med smör eller matlagningsspray.
f) Häll ¼ kopp portioner av pannkakssmeten på grillen och koka tills det bildas bubblor på ytan. Vänd och stek den andra sidan tills den är gyllenbrun.
g) Servera pannkakorna med en klick vispgrädde och en klick chokladsås om så önskas. Du kan också lägga till en skvätt creme de menthe till den vispade grädden för en extra mintkänsla.

2. Creme de Menthe French Toast

INGREDIENSER:
- 4 skivor bröd
- 2 ägg
- ¼ kopp mjölk
- 2 msk creme de menthe likör
- ½ tesked vaniljextrakt
- ¼ tesked mald kanel
- Smör till matlagning
- pulveriserat socker (för att pudra)

INSTRUKTIONER:
a) Vispa ihop ägg, mjölk, creme de menthe, vaniljextrakt och mald kanel i en grund form.
b) Hetta upp en stekpanna eller stekpanna på medelvärme och smält lite smör i den.
c) Doppa varje brödskiva i äggblandningen och se till att båda sidorna är väl belagda.
d) Lägg de belagda brödskivorna på den heta stekpannan och stek tills de är gyllenbruna på båda sidor.
e) Pudra den franska toasten med strösocker och servera med en klick creme de menthe sirap (blanda creme de menthe med strösocker tills den når önskad konsistens).

3. Creme de Menthe chokladvåfflor

INGREDIENSER:
- 1 kopp universalmjöl
- ¼ kopp osötat kakaopulver
- 2 matskedar socker
- 1 ½ tsk bakpulver
- ½ tesked bakpulver
- ¼ tesked salt
- ¼ kopp creme de menthe likör
- ¼ kopp mjölk
- ¼ kopp kärnmjölk
- 1 ägg
- 2 msk smält smör
- ¼ kopp mini chokladchips
- Vispad grädde och chokladspån till topping

INSTRUKTIONER:
a) I en bunke, vispa ihop mjöl, kakaopulver, socker, bakpulver, bakpulver och salt.
b) I en annan skål, kombinera creme de menthe, mjölk, kärnmjölk, ägg och smält smör.
c) Häll de våta ingredienserna i de torra ingredienserna och rör om tills det är väl blandat.
d) Vänd försiktigt ner minichokladbitarna.
e) Förvärm ditt våffeljärn och smörj det lätt med matlagningsspray.
f) Häll våffelsmeten på det förvärmda våffeljärnet och koka enligt tillverkarens anvisningar tills våfflorna är knapriga och bruna.
g) Servera creme de menthe-chokladvåfflorna med en klick vispgrädde och chokladspån.

4. Creme de Menthe frukostparfait

INGREDIENSER:
- 1 dl vaniljyoghurt
- 2 msk creme de menthe likör
- ½ kopp granola
- ½ kopp färska bär (jordgubbar, blåbär eller hallon)
- Färska myntablad till garnering

INSTRUKTIONER:
a) Blanda creme de menthe-likören i en skål med vaniljyoghurten.
b) I serveringsglas eller skålar, varva creme de menthe-yoghurten, granola och färska bär.
c) Upprepa lagren tills glaset är fyllt, avsluta med en klick yoghurt på toppen.
d) Garnera med färska myntablad.

5. Chokladcroissanter Creme de Menthe

INGREDIENSER:
- 4 mini croissanter
- ¼ kopp creme de menthe likör
- ¼ kopp chokladchips
- 2 msk strösocker (för att pudra)

INSTRUKTIONER:
a) Värm ugnen till 350°F (175°C).
b) Dela varje minicroissant på mitten på längden, skapa en topp och botten.
c) Ringla creme de menthe-likören över de nedre halvorna av croissanterna.
d) Strö chokladbitarna jämnt över de likördränkta croissanthalvorna.
e) Lägg tillbaka de övre halvorna på bottnarna för att skapa smörgåsar.
f) Slå in varje croissantmacka i aluminiumfolie.
g) Grädda i den förvärmda ugnen i cirka 10 minuter, eller tills gifflarna är varma och chokladen smält.
h) Pudra över strösocker och servera varmt.

6.Creme de Menthe avokadotoast

INGREDIENSER:
- 2 skivor fullkornsbröd
- 1 mogen avokado
- 1 msk creme de menthe likör
- 1 tsk citronsaft
- Salta och peppra efter smak
- Rödpepparflingor (valfritt)
- Färska myntablad till garnering

INSTRUKTIONER:
a) Rosta skivorna av fullkornsbröd tills de är krispiga och gyllene.
b) Mosa den mogna avokadon med creme de menthe-likör och citronsaft i en skål.
c) Krydda avokadoblandningen med salt, peppar och rödpepparflingor (om du gillar lite värme).
d) Fördela creme de menthe avokadoblandningen jämnt på de rostade brödskivorna.
e) Garnera med färska myntablad för en friskhet.
f) Njut av din unika och krämiga creme de menthe avokadotoast.

7.Creme de Menthe fruktsallad

INGREDIENSER:
- Diverse färsk frukt (t.ex. jordgubbar, kiwi, ananas och vindruvor), hackad eller skivad
- 2 msk creme de menthe likör
- 1 matsked honung
- Färska myntablad till garnering

INSTRUKTIONER:
a) Kombinera de olika färska frukterna i en stor skål.
b) creme de menthe-likör och honung i en separat liten skål.
c) Ringla creme de menthe och honungsblandningen över fruktsalladen och blanda försiktigt för att täcka frukten.
d) Garnera med färska myntablad.
e) Servera din creme de menthe fruktsallad som ett uppfriskande och levande frukostalternativ.

8.Mintchokladchippannkakor

INGREDIENSER:
- 1 ½ dl universalmjöl
- 2 matskedar socker
- 2 tsk bakpulver
- ¼ tesked salt
- 1 ¼ koppar mjölk
- 1 ägg
- 2 msk osaltat smör, smält
- ½ tsk creme de menthe likör
- ½ kopp chokladchips
- ¼ kopp hackade färska myntablad
- Vispad grädde (valfritt)

INSTRUKTIONER:
a) I en stor skål, vispa ihop mjöl, socker, bakpulver och salt.
b) I en separat skål, vispa ihop mjölk, ägg, smält smör och creme de menthe-likör.
c) Tillsätt de våta ingredienserna till de torra ingredienserna och rör om tills det precis blandas.
d) Vänd ner chokladbitarna och hackade myntablad.
e) Värm en nonstick-panna eller stekpanna på medelvärme.
f) Häll cirka ¼ kopp smet per pannkaka på stekpanna eller stekpanna.
g) Koka tills kanterna på pannkakorna är torra och ytan är bubbel, vänd sedan och koka i ytterligare 1-2 minuter tills pannkakorna är genomstekta.
h) Upprepa med resterande smet.
i) Servera pannkakorna varma med vispgrädde om så önskas.
j) Njut av!

9.Mintchokladvåfflor

INGREDIENSER:
- 1 ½ dl universalmjöl
- ¼ kopp kakaopulver
- 2 matskedar socker
- 2 tsk bakpulver
- ½ tesked bakpulver
- ½ tsk salt
- 1 ½ dl kärnmjölk
- ¼ kopp vegetabilisk olja
- 2 ägg
- 1 tsk creme de menthe likör
- ¼ kopp hackade färska myntablad
- Vispad grädde och chokladchips för topping (valfritt)

INSTRUKTIONER:
a) I en stor skål, vispa ihop mjöl, kakaopulver, socker, bakpulver, bakpulver och salt.
b) I en separat skål, vispa ihop kärnmjölken, vegetabilisk olja, ägg och creme de menthe-likör.
c) Tillsätt de våta ingredienserna till de torra ingredienserna och rör om tills det precis blandas.
d) Vänd ner de hackade myntabladen.
e) Värm ett våffeljärn och spraya med matlagningsspray.
f) Häll smeten i våffeljärnet och koka enligt tillverkarens anvisningar.
g) Servera våfflorna toppade med vispgrädde och chokladchips om så önskas och njut!

10. Mint Scones

INGREDIENSER:
- 2 koppar universalmjöl
- ¼ kopp socker
- 1 msk bakpulver
- ¼ tesked salt
- ½ kopp osaltat smör, kallt och skär i små bitar
- ½ kopp hackade färska myntablad
- ⅔ kopp tung grädde
- 1 stort ägg
- 1 tsk creme de menthe likör

INSTRUKTIONER:
a) Värm ugnen till 400°F och klä en plåt med bakplåtspapper.
b) I en stor skål, vispa ihop mjöl, socker, bakpulver och salt.
c) Skär i smöret med en konditormixer eller fingrarna tills blandningen liknar grova smulor.
d) Rör ner de hackade myntabladen.
e) I en separat skål, vispa ihop den tunga grädden, ägget och creme de menthe-likören.
f) Tillsätt de våta ingredienserna till de torra ingredienserna och rör tills blandningen går ihop till en deg.
g) Vänd ut degen på en lätt mjölad yta och knåda kort.
h) Klappa degen till en cirkel ca 1 tum tjock.
i) Skär cirkeln i 8 klyftor.
j) Lägg klyftorna på den förberedda bakplåten.
k) Grädda i 18-20 minuter, eller tills sconesen är lätt gyllenbruna och genomstekta.
l) Låt sconesen svalna några minuter innan servering.
m) Njut av!

11.Mint och Ricotta Toast

INGREDIENSER:
- 2 skivor fullkornsbröd, rostat
- ½ kopp ricottaost
- ¼ kopp färska myntablad
- 1 tsk creme de menthe likör
- 1 tsk honung
- Nypa salt

INSTRUKTIONER:
a) Blanda ricottaost, myntablad, creme de menthe-likör, honung och salt i en liten skål.
b) Fördela ricottablandningen jämnt på de rostade brödskivorna.
c) Servera genast och njut!

12. Creme de Menthe mintmuffins

INGREDIENSER:
- 2 koppar universalmjöl
- 1/2 kopp socker
- 1 msk bakpulver
- Nypa salt
- 1 dl mjölk
- 1/3 kopp vegetabilisk olja
- 2 ägg
- 1 tsk vaniljextrakt
- 1/4 kopp Creme de Menthe likör
- 1/2 kopp hackade färska myntablad

INSTRUKTIONER:
a) Värm ugnen till 375°F (190°C) och klä en muffinsform med pappersfoder.
b) I en blandningsskål, kombinera allsidigt mjöl, socker, bakpulver och salt.
c) I en annan skål, vispa ihop mjölk, vegetabilisk olja, ägg och vaniljextrakt tills det är väl kombinerat.
d) Tillsätt gradvis de våta ingredienserna till de torra ingredienserna, rör om tills de precis blandas.
e) Rör ner Creme de Menthe-likören och hackade färska myntablad.
f) Fördela smeten jämnt mellan muffinsformarna och grädda i 18-20 minuter, eller tills en tandpetare som sticks in i mitten kommer ut ren.
g) Låt muffinsen svalna i formen några minuter innan du lägger över dem på ett galler för att svalna helt.

13. Creme de Menthe frukostsmoothie

INGREDIENSER:
- 1 mogen banan
- 1/2 dl vanlig grekisk yoghurt
- 1/2 kopp spenatblad
- 1/4 kopp Creme de Menthe likör
- 1/2 kopp mjölk (mejeri eller växtbaserad)
- En handfull isbitar
- Färska myntakvistar för garnering (valfritt)

INSTRUKTIONER:
a) I en mixer, kombinera banan, grekisk yoghurt, spenatblad, Creme de Menthe-likör, mjölk och isbitar.
b) Mixa tills det är slätt och krämigt, tillsätt mer mjölk om det behövs för att nå önskad konsistens.
c) Häll upp smoothien i glas och garnera med färska myntakvistar om så önskas.
d) Servera omedelbart.

14. Creme de Menthe Bananbröd

INGREDIENSER:
- 2 mogna bananer, mosade
- 1/2 kopp Creme de Menthe likör
- 1/3 kopp smält smör
- 1/2 kopp socker
- 1 ägg
- 1 tsk vaniljextrakt
- 1 1/2 koppar universalmjöl
- 1 tsk bakpulver
- 1/2 tsk salt
- Valfritt: 1/2 kopp hackade nötter (som valnötter eller pekannötter)

INSTRUKTIONER:
a) Värm ugnen till 350°F (175°C). Smörj en 9x5-tums brödform.
b) Creme de Menthe-likören i en stor blandningsskål.
c) Rör ner det smälta smöret, sockret, ägget och vaniljextraktet tills det är väl blandat.
d) I en separat skål, vispa ihop mjöl, bakpulver och salt.
e) Tillsätt gradvis de torra ingredienserna till de våta ingredienserna, rör om tills de precis blandas. Vänd ner de hackade nötterna om du använder dem.
f) Häll smeten i den förberedda brödformen och jämna till toppen.
g) Grädda i 50-60 minuter, eller tills en tandpetare som sticks in i mitten kommer ut ren.
h) Låt bananbrödet svalna i pannan i 10 minuter och överför det sedan till ett galler för att svalna helt innan det skivas.

15. Creme de Menthe Frukostcrepes

INGREDIENSER:
- 1 kopp universalmjöl
- 2 ägg
- 1/2 kopp mjölk
- 1/2 kopp vatten
- 2 msk smält smör
- 2 msk Creme de Menthe likör
- Nypa salt
- Matlagningsspray eller ytterligare smält smör, för matlagning
- Färska bär och vispad grädde, till servering

INSTRUKTIONER:
a) I en mixer, kombinera mjöl, ägg, mjölk, vatten, smält smör, Creme de Menthe-likör och salt. Mixa tills det är slätt.
b) Värm en non-stick stekpanna eller crepepanna på medelvärme. Belägg stekpannan lätt med matlagningsspray eller smält smör.
c) Häll cirka 1/4 kopp av smeten i stekpannan, virvla runt för att jämnt täcka botten.
d) Koka i 1-2 minuter, eller tills kanterna börjar lyfta och botten är lätt gyllene.
e) Vänd försiktigt crepen och koka ytterligare 1-2 minuter på andra sidan.
f) Upprepa med den återstående smeten, stapla de kokta crepesna på en tallrik allt eftersom.
g) Servera crepesna varma, fyllda med färska bär och toppade med vispad grädde.

16. Creme de Menthe Frukost Havregrynsgröt

INGREDIENSER:
- 1 kopp havregryn
- 2 dl mjölk (mejeri eller växtbaserad)
- 1/4 kopp Creme de Menthe likör
- 2 msk honung eller lönnsirap
- 1/4 tsk vaniljextrakt
- Nypa salt
- Skivade bananer, chokladchips och hackade nötter till topping

INSTRUKTIONER:
a) Kombinera havregryn, mjölk, Creme de Menthe-likör, honung eller lönnsirap, vaniljextrakt och salt i en kastrull.
b) Låt blandningen sjuda på medelvärme, rör om då och då.
c) Sänk värmen till låg och fortsätt koka, rör om ofta, i 5-7 minuter, eller tills havregrynen är tjock och krämig.
d) Ta bort från värmen och låt stå i en minut eller två för att tjockna ytterligare.
e) Servera havregrynen varma, toppad med skivade bananer, chokladchips och hackade nötter.
f) Njut av din Creme de Menthe frukosthavregryn!

17. Creme de Menthe Frukostgryta

INGREDIENSER:
- 6 skivor bröd, i tärningar
- 1 dl riven cheddarost
- 1 kopp kokt och smulad korv eller bacon
- 6 ägg
- 1 1/2 dl mjölk
- 1/4 kopp Creme de Menthe likör
- 1 tsk senapspulver
- Salta och peppra efter smak
- Valfritt: Hackade färska örter (som persilja eller gräslök)

INSTRUKTIONER:
a) Värm ugnen till 350°F (175°C). Smörj en 9x13-tums ugnsform.
b) Fördela brödtärningarna jämnt i botten av ugnsformen. Strö den rivna osten och den kokta korven eller baconen över brödet.
c) Vispa ihop ägg, mjölk, Creme de Menthe-likör, senapspulver, salt och peppar i en stor skål.
d) Häll äggblandningen över brödet, osten och köttet i ugnsformen.
e) Tryck försiktigt ner brödet så att det är helt blött i äggblandningen.
f) Täck ugnsformen med aluminiumfolie och grädda i 30 minuter.
g) Ta bort folien och grädda i ytterligare 15-20 minuter, eller tills grytan stelnat och toppen är gyllenbrun.
h) Låt grytan svalna några minuter innan du skivar och serverar.
i) Garnera med hackade färska örter om så önskas.

SNACKS OCH APTITRETARE

18. Creme de Menthe Cream Puffs

INGREDIENSER:
- 1¼ koppar vatten
- ⅔ kopp smör, i tärningar
- 1¼ koppar universalmjöl
- 5 stora ägg, rumstempererade

FYLLNING:
- 2 dl tung vispgrädde
- ⅓ kopp grön creme de menthe

GLASYR:
- ⅓ kopp smör, i tärningar
- 2 uns osötad choklad, hackad
- 2 dl konditorsocker
- 1½ tsk vaniljextrakt
- 3 till 6 matskedar varmt vatten
- Ytterligare konditorsocker, valfritt

INSTRUKTIONER:
a) Koka upp vatten och smör i en stor kastrull. Tillsätt mjöl på en gång och rör tills en slät boll bildar sig. Ta bort från värmen; låt stå i 5 minuter.
b) Tillsätt ägg, 1 i taget, vispa ordentligt efter varje tillsats. Fortsätt vispa tills blandningen är slät och blank. Släpp rundade teskedar 2 tum från varandra på smorda bakplåtar.
c) Grädda i 400° i 20-25 minuter eller tills de är gyllenbruna. Ta bort till galler. Skär en liten skåra i sidan av varje puff så att ånga kan komma ut. Coola puffar.
d) För fyllning, i en stor skål, vispa grädde tills mjuka toppar bildas. Vänd ner creme de menthe. Sprid ca 1 matsked i varje puff. Kyl i upp till 2 timmar.
e) För glasyr, kombinera smör och choklad i en liten kastrull. Koka och rör på låg värme tills det smält. Ta bort från värmen. Använd en visp och rör ner konditorernas socker, vanilj och tillräckligt med vatten för att få önskad konsistens för doppning. Rör om tills det är slätt och inga klumpar uppstår.
f) För att montera ett träd: Separera puffarna efter storlek och form, välj de plattaste för bottenskiktet och de minsta för toppen. Doppa bottnarna på de 21 plattaste puffarna i glasyren. Placera på en 10-in. rund serveringsfat, i koncentriska cirklar som bildar en hel cirkel.
g) För det andra lagret, doppa bottnarna av 15 puffar i glasyren och placera dem sedan på baslagret. Fortsätt bygga trädet, använd cirka 11 bloss i det tredje lagret, cirka 6 bloss i det fjärde lagret, cirka 4 bloss i det femte lagret och 1 bloss ovanpå.
h) Ringla resterande glasyr över trädet, späd med varmt vatten om det behövs.
i) Täck trädet löst med plastfolie och ställ i kylen i upp till 2 timmar. Om så önskas, pudra över konditorsocker precis innan servering.

19. Creme De Menthe No-Bake Cookie Balls

INGREDIENSER:
- 12 uns vaniljrån smulor
- 3/4 dl finhackade pekannötter
- 1 kopp strösocker
- 2 msk ljus majssirap
- 1/3 - 1/2 dl grön creme de menthe
- Ytterligare strösocker

INSTRUKTIONER:
a) Kombinera vaniljrån smulor, hackade pekannötter, 1 kopp strösocker, majssirap och creme de menthe, blanda för att göra en styv deg.
b) Rulla blandningen till 1" bollar, rulla sedan varje boll i ytterligare strösocker för att täcka.

20. Andes Creme de Menthe Cream Cheese Cookies

INGREDIENSER:
- ½ kopp mjuk färskost
- ½ kopp mjukt smör
- 1 kopp socker
- 1 ägg
- ¼ tesked salt
- ¼ tesked bakpulver
- 1 kopp mjöl
- 1 paket Andes creme de menthe bakchips

INSTRUKTIONER:
a) Värm ugnen till 350 grader. Klä en plåt med bakplåtspapper eller spraya den med matlagningsspray.
b) I en stor skål, vispa färskost och smör tillsammans. Vispa gradvis i socker på medelhastighet tills det är ljust och fluffigt. Vispa i ägget och saltet.
c) Vispa ihop bakpulver och mjöl i en liten skål och lägg sedan till färskostblandningen. Rör ner ½ av påsen Andes creme de menthe bakchips. Låt degen svalna i kylen i 30-60 minuter.
d) Släpp rundade matskedar av deg på bakplåten, med 2 tums mellanrum. Observera att kakorna breder ut sig ganska mycket under gräddningen.
e) Grädda i 350 grader i 9-10 minuter, tills underkanterna knappt blir bruna. Ta bort kakorna och låt dem svalna.
f) I en liten skål, mikrovågsugn de återstående creme de menthe chips tills smält. Ringla den smälta chokladen över kakorna och låt dem svalna.

21. Mint Chocolate Chip Dip

INGREDIENSER:
- 1 dl färskost, mjukad
- ½ kopp strösocker
- 2 msk creme de menthe
- ½ kopp mini chokladchips
- Färska myntablad för garnering (valfritt)

INSTRUKTIONER:
a) Blanda den mjukgjorda färskosten och strösockret i en mixerskål tills den är slät.
b) Rör ner creme de menthe tills det är väl blandat.
c) Vänd ner minichokladbitarna.
d) Kyl i minst 30 minuter innan servering.
e) Garnera med färska myntablad om så önskas. Servera med grahamsbröd eller kringlor.

22.Mintiga grillade räkspett

INGREDIENSER:

- 1 pund stora räkor, skalade och deveirade
- ¼ kopp olivolja
- 2 msk creme de menthe
- 2 vitlöksklyftor, hackade
- 1 tsk citronskal
- Salta och peppra efter smak
- Färska myntablad till garnering

INSTRUKTIONER:

a) I en skål, vispa ihop olivolja, creme de menthe, hackad vitlök, citronskal, salt och peppar.
b) Tillsätt de skalade och devinerade räkorna i marinaden, se till att de är väl belagda. Låt det marinera i minst 15 minuter.
c) Trä upp räkorna på spett.
d) Förvärm grillen till medelhög värme. Grilla räkspetten i 2-3 minuter per sida eller tills de är ogenomskinliga och genomstekta.
e) Garnera med färska myntablad före servering. Servera med en dippsås gjord på creme de menthe och en klick citron om så önskas.

23.Mintiga chokladtryffel

INGREDIENSER:
- 8 uns mörk choklad, finhackad
- ½ kopp tung grädde
- 2 msk osaltat smör
- 2 msk creme de menthe
- Kakaopulver för beläggning

INSTRUKTIONER:
a) Lägg den finhackade mörka chokladen i en värmesäker skål.
b) Värm grädden och smöret på medelvärme i en liten kastrull tills det börjar sjuda.
c) Häll den varma gräddblandningen över den hackade chokladen och låt stå i en minut. Rör om tills det är slätt och väl kombinerat.
d) Rör ner creme de menthe tills den är helt införlivad.
e) Kyl blandningen i minst 2 timmar eller tills den är fast.
f) Gröp ur små portioner av blandningen och rulla dem till tryffelstora bollar.
g) Rulla tryffeln i kakaopulver för att täcka. Ställ i kyl tills den ska serveras.

24. Andes Crème De Menthe Cookies

INGREDIENSER:
- 1/2 dl smör, mjukat
- 3/4 kopp farinsocker
- 1/2 kopp strösocker
- 1 tsk bakpulver
- 1 tsk bakpulver
- 2 tsk vaniljextrakt
- 2 stora ägg
- 10-ounce paket med Andes mintbakningschips
- 2 2/3 dl universalmjöl

INSTRUKTIONER:
a) Värm ugnen till 350°F Gör inte detta förrän efter att degen har ställts i kylen.
b) Blanda smör, farinsocker, vitt strösocker, bakpulver, bakpulver, vanilj och ägg tills ingredienserna är blandade.
c) Tillsätt Andes Baking Chips och blanda.
d) Tillsätt mjöl och fortsätt att blanda tills alla ingredienser är väl blandade.
e) Täck över och kyl i kylen i 45-60 minuter.
f) Skeda ut cirka 1 uns deg per kaka.
g) Forma en boll och platta till den lite.
h) Lägg på non-stick bakformar och grädda i cirka 8-10 minuter.
i) Kyl på pannor i 2 minuter och ta sedan bort.

25. Creme de Menthe barer

INGREDIENSER:
- 1 ¼ koppar fint krossade Oreo-kakor (ca 14 kakor)
- 2 msk smält smör
- 1 tsk gelatin utan smak
- 1 ¾ koppar kall 2% mjölk, uppdelad
- 20 stora marshmallows
- ¼ kopp grön creme de menthe sirap
- 3 uns färskost, mjukad
- 3,9-ounce paket med instant chokladpuddingmix
- 1 dl tung vispgrädde

INSTRUKTIONER:
a) I en liten skål, kombinera krossade kakor och smält smör. Avsätt 3 matskedar för topping. Tryck ut den återstående blandningen på botten av en smord 8-in. fyrkantig ugnsform. Kyl i 30 minuter.
b) I en stor mikrovågssäker skål, strö gelatin över ½ kopp kall mjölk; låt stå i 1 minut. Mikrovågsugn på hög i 30-40 sekunder. Rör om tills gelatinet är helt upplöst. Lägg till marshmallows; mikrovågsugn i 1-2 minuter längre eller tills marshmallows är puffade.
c) Rör om tills det är slätt. Blanda i creme de menthe. Ställ i kylen i 15-20 minuter eller tills den är kall men inte stelnad, rör om ofta.
d) Under tiden, i en liten skål, vispa gradvis färskost tills den är slät. I en annan skål, vispa puddingblandningen och den återstående kalla mjölken (1 ¼ koppar). Vispa gradvis i färskosten.
e) I en stor skål, slå tung grädde tills mjuka toppar bildas; vänd ner i marshmallowblandningen. Sked hälften av blandningen över den beredda skorpan; kyl i 10 minuter.
f) Varva med puddingblandningen och den återstående marshmallowblandningen; toppa med de reserverade smulorna.
g) Kyl i 2 timmar eller tills den stelnat.

26.Mynta och bärsallad

INGREDIENSER:
- 2 dl blandade bär
- ¼ kopp hackade färska myntablad
- 1 matsked honung
- Creme de menthe
- ¼ kopp hackade nötter (som valnötter eller mandel)

INSTRUKTIONER:
a) Kombinera de blandade bären och hackade myntabladen i en stor skål.
b) I en liten skål, vispa ihop honung och creme de menthe-likör.
c) Häll honungsblandningen över bären och myntan och rör om.
d) Fördela salladen i skålar och strö över hackade nötter.
e) Servera genast och njut!

27. Creme de Menthe Cheesecake Bites

INGREDIENSER:
- 8 uns färskost, mjukad
- 1/4 kopp Creme de Menthe likör
- 1/2 kopp strösocker
- 1/2 tsk vaniljextrakt
- 1 kopp chokladkaka smulor
- Chokladspån eller kakaopulver för garnering (valfritt)

INSTRUKTIONER:
a) Vispa färskosten i en bunke tills den är slät.
b) Tillsätt gradvis Creme de Menthe-likören, strösocker och vaniljextrakt, vispa tills det är väl kombinerat.
c) Rör ner chokladkaksmulorna tills de är jämnt fördelade.
d) Rulla blandningen till små bollar och lägg dem på en plåt klädd med bakplåtspapper.
e) Kyl ostkakebitarna i minst 1 timme, eller tills de är fasta.
f) Om så önskas, garnera med chokladspån eller pudra med kakaopulver innan servering.

28. Creme de Menthe Choklad Jordgubbar

INGREDIENSER:
- Färska jordgubbar
- 1/4 kopp Creme de Menthe likör
- 8 uns halvsöt choklad, hackad
- Vit choklad att ringla (valfritt)

INSTRUKTIONER:
a) Skölj jordgubbarna och torka dem med hushållspapper.
b) Värm Creme de Menthe-likören på låg värme i en liten kastrull tills den är varm men inte kokar.
c) Lägg den hackade halvsöta chokladen i en värmesäker skål och häll den varma Creme de Menthe över den. Låt stå i en minut och rör sedan om tills chokladen är smält och slät.
d) Doppa varje jordgubbe i den smälta chokladen, täck den halvvägs. Lägg de doppade jordgubbarna på en bakplåtspapperklädd plåt.
e) Om så önskas, smält den vita chokladen och ringla den över de doppade jordgubbarna för dekoration.
f) Kyl de chokladtäckta jordgubbarna i cirka 30 minuter, eller tills chokladen stelnat.
g) Servera som ett härligt och elegant mellanmål eller dessert.

29.Creme de Menthe Brownie Bites

INGREDIENSER:
- 1 sats av din favorit browniesmet
- 1/4 kopp Creme de Menthe likör
- Chokladganache eller smält choklad till doppning
- Krossade pepparmyntsgodisar eller strössel för garnering (valfritt)

INSTRUKTIONER:
a) Förvärm ugnen enligt browniereceptets instruktioner och förbered browniesmeten.
b) Rör ner Creme de Menthe-likören tills den är väl integrerad.
c) Häll browniesmeten i en minimuffinsform klädd med pappersliner, fyll varje ca 3/4.
d) Grädda browniebitarna enligt receptanvisningarna, eller tills en tandpetare som sticks in i mitten kommer ut med fuktiga smulor.
e) Låt browniebitarna svalna helt i muffinsformen.
f) När svalnat, ta bort browniebitarna från muffinsformen och doppa topparna i chokladganache eller smält choklad.
g) Strö krossade pepparmyntsgodisar eller strössel ovanpå, om så önskas, innan chokladen stelnar.
h) Låt chokladen stelna innan servering.

30. Creme de Menthe Chokladbark

INGREDIENSER:
- 12 uns mörk choklad, hackad
- 1/4 kopp Creme de Menthe likör
- 1/2 kopp hackade nötter (som mandel eller pistagenötter)
- 1/4 kopp torkade tranbär eller körsbär
- Havssalt att strö (valfritt)

INSTRUKTIONER:
a) Klä en plåt med bakplåtspapper.
b) I en värmesäker skål över en kastrull med sjudande vatten (dubbelkokare), smält den mörka chokladen, rör om tills den är slät.
c) Rör ner Creme de Menthe-likören tills den är väl blandad.
d) Häll den smälta chokladblandningen på den förberedda bakplåten och fördela den jämnt med en spatel.
e) Strö de hackade nötterna och de torkade tranbären eller körsbären jämnt över chokladen.
f) Om så önskas, strö en nypa havssalt över toppen för en söt och salt kontrast.
g) Ställ bakplåten i kylen i ca 1 timme, eller tills chokladen stelnat.
h) När den har stelnat, bryt chokladbarken i bitar och servera som ett läckert och överseende mellanmål eller dessert.

31. Creme de Menthe Mint Choklad Fudge

INGREDIENSER:
- 2 koppar halvsöta chokladchips
- 1 (14-ounce) burk sötad kondenserad mjölk
- 2 msk smör
- 1/4 kopp Creme de Menthe likör
- 1 tsk vaniljextrakt
- 1/2 kopp hackade nötter (valfritt)

INSTRUKTIONER:

a) Klä en 8x8-tums ugnsform med bakplåtspapper, lämna lite överhäng på sidorna för att enkelt ta bort det senare.
b) I en kastrull, kombinera chokladchips, sötad kondenserad mjölk och smör på låg värme. Rör hela tiden tills den smält och slät.
c) Ta kastrullen från värmen och rör ner Creme de Menthe-likören och vaniljextraktet tills det är väl blandat.
d) Om du använder nötter, rör ner dem i fudgeblandningen.
e) Häll fudgeblandningen i den förberedda ugnsformen och fördela den jämnt med en spatel.
f) Kyl fudgen i minst 2 timmar, eller tills den är fast.
g) När den har stelnat, använd bakplåtspappret för att lyfta upp fudgen ur formen. Skär den i rutor och servera.

32. Créme de Menthe chokladtäckta pretzels:

INGREDIENSER:
- Kringlor eller minikringlor
- 1 kopp halvsöta chokladchips
- 1/4 kopp Creme de Menthe likör
- Krossade pepparmyntsgodisar eller strössel för garnering (valfritt)

INSTRUKTIONER:
a) Klä en bakplåt med vaxpapper.
b) I en mikrovågssäker skål, smält chokladchipsen i 30-sekundersintervaller, rör om mellan varje intervall, tills de är slät.
c) Rör ner Creme de Menthe-likören tills den är väl blandad.
d) Doppa varje kringlastav eller minikringla i den smälta chokladen, täck den halvvägs. Skaka av överflödig choklad.
e) Lägg de chokladtäckta kringlorna på den förberedda bakplåten.
f) Om så önskas, strö krossade pepparmintsgodisar eller strössel ovanpå chokladen innan den stelnar.
g) Kyl kringlorna i cirka 30 minuter, eller tills chokladen stelnat.
h) När de är färdigställda, servera de Creme de Menthe-chokladöverdragna kringlorna som ett sött och salt mellanmål.

33.Creme de Menthe Mint Choklad Popcorn

INGREDIENSER:

- 8 koppar poppade popcorn (ca 1/3 kopp opoppade kärnor)
- 1 kopp halvsöta chokladchips
- 1/4 kopp Creme de Menthe likör
- 1 msk smör
- 1/2 tsk mynta extrakt
- Valfritt: Krossade pepparmyntsgodisar till garnering

INSTRUKTIONER:

a) Klä en stor plåt med bakplåtspapper.
b) Lägg de poppade popcornen i en stor blandningsskål, ta bort eventuella opoppade kärnor.
c) Smält chokladbitarna och smöret i en mikrovågssäker skål i 30-sekundersintervaller, rör om mellan varje intervall, tills det är slätt.
d) Rör ner Creme de Menthe-likören och myntaextraktet tills det är väl blandat.
e) Häll chokladblandningen över popcornen och rör försiktigt så att det blir jämnt.
f) Bred ut de chokladöverdragna popcornen i ett jämnt lager på den förberedda bakplåten.
g) Om så önskas, strö krossade pepparmintsgodisar över popcornen för extra mintiga smak och dekoration.
h) Låt popcornen stå i rumstemperatur tills chokladen stelnat.
i) När du har stelnat, bryt popcornen i klasar och servera som ett läckert och festligt mellanmål.

34.Creme de Menthe Rice Krispie godsaker

INGREDIENSER:
- 6 koppar Rice Krispies flingor
- 1 (10 uns) paket marshmallows
- 3 matskedar osaltat smör
- 1/4 kopp Creme de Menthe likör
- Grön matfärg (valfritt)
- Chokladchips att ringla (valfritt)

INSTRUKTIONER:
a) Smält smöret på låg värme i en stor kastrull.
b) Tillsätt marshmallows till det smälta smöret och rör tills det är helt smält och slät.
c) Rör ner Creme de Menthe-likören och den gröna karamellfärgen, om den används, tills den är väl kombinerad.
d) Ta kastrullen från värmen och vänd snabbt ner Rice Krispies-flingorna tills det är jämnt täckt.
e) Tryck ut blandningen i en smord 9x13-tums ugnsform, använd en spatel eller vaxpapper för att jämna toppen.
f) Om så önskas, smält chokladchips i mikrovågsugnen och ringla över toppen av Rice Krispie- godsakerna.
g) Låt godsakerna svalna och ställ in i rumstemperatur i cirka 30 minuter innan du skär i rutor.
h) Servera och njut av dina utsökta Creme de Menthe Rice Krispie-godsaker!

HUVUDRÄTT

35.Mintad Quinoasallad

INGREDIENSER:
- 1 dl quinoa, sköljd och avrunnen
- 2 koppar vatten
- ½ kopp hackade färska myntablad
- ¼ kopp hackad färsk persilja
- ¼ kopp hackad rödlök
- ¼ kopp hackad gurka
- 2 matskedar olivolja
- 2 msk creme de menthe likör
- Salta och peppra efter smak

INSTRUKTIONER:
a) Koka upp vattnet i en kastrull.
b) Rör ner quinoan, sänk sedan värmen och låt sjuda i 15-20 minuter, eller tills quinoan är mjuk och vattnet absorberats.
c) Ta av grytan från värmen och låt quinoan svalna i 5-10 minuter.
d) I en stor skål, kombinera den kokta quinoan, hackade myntablad, hackad persilja, hackad rödlök och hackad gurka.
e) I en separat skål, vispa ihop olivolja, creme de menthe-likör, salt och peppar tills det är väl blandat.
f) Häll dressingen över quinoasalladen och rör om.
g) Servera den mintade quinoasalladen i rumstemperatur eller kyld.

36. Creme de Menthe glaserad lax

INGREDIENSER:
- 4 laxfiléer
- Salta och peppra efter smak
- 1/4 kopp Creme de Menthe likör
- 2 matskedar honung
- 2 msk sojasås
- 1 msk dijonsenap
- 2 vitlöksklyftor, hackade
- 1 tsk riven ingefära
- 1 msk olivolja
- Hackad färsk persilja till garnering

INSTRUKTIONER:
a) Krydda laxfiléerna med salt och peppar på båda sidor.
b) I en liten skål, vispa ihop Creme de Menthe-likör, honung, sojasås, dijonsenap, hackad vitlök och riven ingefära för att göra glasyren.
c) Hetta upp olivoljan i en stekpanna på medelhög värme. Lägg i laxfiléerna med skinnsidan nedåt och koka i 3-4 minuter.
d) Vänd laxfiléerna och häll Creme de Menthe-glasyren över dem.
e) Koka i ytterligare 3-4 minuter, eller tills laxen är genomstekt och glasyren har tjocknat något.
f) Servera laxen varm, garnerad med hackad färsk persilja.

37. Creme de Menthe svamprisotto

INGREDIENSER:
- 1 kopp Arborio ris
- 4 dl grönsaks- eller kycklingbuljong
- 1/4 kopp Creme de Menthe likör
- 2 matskedar olivolja
- 1 lök, finhackad
- 2 vitlöksklyftor, hackade
- 8 uns svamp, skivad
- 1/4 kopp riven parmesanost
- Salta och peppra efter smak
- Hackad färsk persilja till garnering

INSTRUKTIONER:
a) Värm grönsaks- eller kycklingbuljongen på medelvärme i en kastrull tills den sjuder. Sänk värmen till låg och håll värmen.
b) Värm olivoljan på medelvärme i en separat stor stekpanna eller kastrull. Tillsätt den hackade löken och koka tills den mjuknat, cirka 5 minuter.
c) Tillsätt hackad vitlök och skivad svamp i stekpannan och koka tills svampen är gyllenbrun och mjuk, cirka 5-7 minuter.
d) Rör ner arborioriset och koka i 1-2 minuter, under konstant omrörning, tills riset är lätt rostat.
e) Häll i Creme de Menthe-likören och koka tills vätskan har absorberats under konstant omrörning.
f) Börja tillsätta den varma buljongen till risblandningen, en slev i taget, rör hela tiden och låt varje tillsats av buljong absorberas innan du tillsätter mer. Fortsätt denna process tills riset är krämigt och mört, cirka 20-25 minuter.
g) Rör ner riven parmesanost och smaka av med salt och peppar.
h) Servera svamprisotton varm, garnerad med hackad färsk persilja.

38. Creme de Menthe Kyckling Alfredo

INGREDIENSER:
- 8 uns fettuccine eller din favoritpasta
- 2 benfria, skinnfria kycklingbröst, skurna i lagom stora bitar
- Salta och peppra efter smak
- 2 matskedar olivolja
- 2 vitlöksklyftor, hackade
- 1 kopp tung grädde
- 1/4 kopp Creme de Menthe likör
- 1/2 kopp riven parmesanost
- Hackad färsk persilja till garnering

INSTRUKTIONER:
a) Koka fettuccinen enligt anvisningarna på förpackningen tills den är al dente. Häll av och ställ åt sidan.
b) Krydda kycklingbröstbitarna med salt och peppar.
c) Hetta upp olivoljan i en stor stekpanna på medelvärme. Tillsätt de kryddade kycklingbitarna och stek tills de är gyllenbruna och genomstekta, ca 6-8 minuter.
d) Tillsätt den hackade vitlöken i stekpannan och koka i ytterligare en minut tills den doftar.
e) Häll i den tunga grädden och Creme de Menthe-likören, rör om för att kombinera. Låt blandningen koka upp.
f) Sänk värmen till låg och rör ner den rivna parmesanosten tills den smält och såsen har tjocknat något.
g) Tillsätt den kokta fettuccinen i stekpannan och rör tills den är jämnt täckt med såsen.
h) Servera Creme de Menthe-kycklingen Alfredo varm, garnerad med hackad färsk persilja.

39.Creme de Menthe Glaserad fläskfilé

INGREDIENSER:
- 2 fläskfiléer
- Salta och peppra efter smak
- 1/4 kopp Creme de Menthe likör
- 2 matskedar honung
- 2 msk dijonsenap
- 2 vitlöksklyftor, hackade
- 1 msk olivolja

INSTRUKTIONER:
a) Värm ugnen till 375°F (190°C).
b) Krydda fläskfilén med salt och peppar på alla sidor.
c) I en liten skål, vispa ihop Creme de Menthe-likör, honung, dijonsenap och hackad vitlök för att göra glasyren.
d) Värm olivoljan i en ugnssäker stekpanna på medelhög värme. Lägg i fläskfilén och stek på alla sidor tills de är gyllenbruna, ca 2-3 minuter per sida.
e) Pensla Creme de Menthe-glasyren över fläskfilén, reservera några för tråckling.
f) Överför stekpannan till den förvärmda ugnen och stek i 20-25 minuter, eller tills fläskets innertemperatur når 145°F (63°C), tråckla med glasyren halvvägs.
g) Ta ut fläskfilén ur ugnen och låt dem vila i 5 minuter innan du skivar dem.
h) Servera de glaserade fläskfiléskivorna varma, ringlade med eventuell resterande glasyr.

40.Creme de Menthe Räklinguine

INGREDIENSER:
- 8 uns linguinepasta
- 1 pund stora räkor, skalade och deveirade
- Salta och peppra efter smak
- 2 matskedar olivolja
- 2 vitlöksklyftor, hackade
- 1/4 kopp Creme de Menthe likör
- 1/2 kopp tung grädde
- 1/4 kopp riven parmesanost
- Hackad färsk persilja till garnering

INSTRUKTIONER:
a) Koka linguinepastan enligt anvisningarna på förpackningen tills den är al dente. Häll av och ställ åt sidan.
b) Krydda räkorna med salt och peppar.
c) Hetta upp olivoljan i en stor stekpanna på medelvärme. Tillsätt den hackade vitlöken och koka tills den doftar, ca 1 minut.
d) Tillsätt de kryddade räkorna i stekpannan och koka tills de är rosa och ogenomskinliga, cirka 2-3 minuter per sida. Ta bort räkorna från stekpannan och ställ åt sidan.
e) Avglasa stekpannan med Creme de Menthe-likören, skrapa upp eventuella brynta bitar från botten.
f) Rör ner den tunga grädden och låt blandningen koka upp. Koka tills det tjocknat något, ca 2-3 minuter.
g) Lägg tillbaka de kokta räkorna i stekpannan tillsammans med den kokta linguinepastan. Rör om tills allt är väl täckt av såsen.
h) Rör ner den rivna parmesanosten tills den smält och såsen är krämig.
i) Servera Creme de Menthe räkor linguine varm, garnerad med hackad färsk persilja.

41. Creme de Menthe Beef Wokning

INGREDIENSER:
- 1 pund oxfilé, tunt skivad
- 2 msk sojasås
- 1 msk majsstärkelse
- 2 matskedar vegetabilisk olja
- 2 vitlöksklyftor, hackade
- 1 lök, skivad
- 1 paprika, skivad
- 1 kopp snöärtor
- 1/4 kopp Creme de Menthe likör
- Kokt ris till servering

INSTRUKTIONER:
a) I en skål, kombinera den tunt skivade oxfilén med sojasås och majsstärkelse. Rör om tills köttet är jämnt täckt och ställ åt sidan för att marinera i 10-15 minuter.
b) Värm vegetabilisk olja i en stor stekpanna eller wok på hög värme. Tillsätt den hackade vitlöken och koka i 30 sekunder.
c) Lägg de marinerade nötköttskivorna i stekpannan i ett enda lager och koka tills de fått färg, cirka 2-3 minuter per sida. Ta bort köttet från stekpannan och ställ åt sidan.
d) Lägg i skivad lök, paprika och snöärter i samma stekpanna. Fräs i 2-3 minuter, eller tills grönsakerna är knapriga.
e) Lägg tillbaka det tillagade nötköttet i stekpannan och häll i Creme de Menthe-likören. Stek i ytterligare 1-2 minuter för att värma allt och låt smakerna smälta.
f) Servera Creme de Menthe-biffröran varm över kokt ris.

42. Creme de Menthe grönsakspasta

INGREDIENSER:
- 8 uns pasta efter eget val
- 2 matskedar olivolja
- 2 vitlöksklyftor, hackade
- 1 lök, tärnad
- 2 koppar olika grönsaker (som paprika, zucchini och körsbärstomater), hackade
- Salta och peppra efter smak
- 1/4 kopp Creme de Menthe likör
- 1/2 kopp tung grädde
- 1/4 kopp riven parmesanost
- Hackad färsk basilika till garnering

INSTRUKTIONER:
a) Koka pastan enligt anvisningarna på förpackningen tills den är al dente. Häll av och ställ åt sidan.
b) Hetta upp olivoljan i en stor stekpanna på medelvärme. Tillsätt hackad vitlök och hackad lök och koka tills den mjuknat, cirka 5 minuter.
c) Tillsätt de olika hackade grönsakerna i stekpannan och koka tills de är mjuka, cirka 5-7 minuter. Krydda med salt och peppar efter smak.
d) Avglasa stekpannan med Creme de Menthe-likören, skrapa upp eventuella brynta bitar från botten.
e) Rör ner den tunga grädden och låt blandningen koka upp. Koka tills det tjocknat något, ca 2-3 minuter.
f) Tillsätt den kokta pastan i stekpannan och rör tills den är väl täckt av såsen.
g) Rör ner den rivna parmesanosten tills den smält och såsen är krämig.
h) Servera Creme de Menthe grönsakspasta varm, garnerad med hackad färsk basilika.

DESSERT OCH GOTT

43. Gräshoppa Brownies Supreme

INGREDIENSER:
- 1 kopp osaltat smör
- 2 koppar strösocker
- 4 stora ägg
- 1 tsk vaniljextrakt
- 1 kopp universalmjöl
- ½ kopp osötat kakaopulver
- ¼ tesked salt
- 1 dl chokladchips
- ½ kopp hackade valnötter (valfritt)
- ½ kopp grön crème de menthe likör
- 2 koppar strösocker
- ½ kopp osaltat smör, mjukat
- 2 msk mjölk
- Grön matfärg (valfritt)
- Chokladganache (valfritt, för topping)

INSTRUKTIONER:
a) Värm ugnen till 350°F och smörj en 9x13-tums ugnsform.
b) Smält smöret i en mikrovågssäker skål. Tillsätt strösockret och blanda väl.
c) Tillsätt äggen och vaniljextraktet till smörblandningen och rör om tills det blandas.
d) I en separat skål, vispa ihop mjöl, kakaopulver och salt.
e) Tillsätt gradvis de torra ingredienserna till de våta ingredienserna, blanda tills de precis blandas.
f) Rör ner chokladbitarna och valnötterna (om du använder).
g) Häll smeten i den förberedda ugnsformen och fördela den jämnt.
h) Grädda i 25-30 minuter, eller tills en tandpetare som sticks in i mitten kommer ut med några fuktiga smulor.
i) Medan browniesna fortfarande är varma, stick hål över hela ytan med en gaffel.
j) Häll crème de menthe-likören över de varma browniesna, låt den dra in.
k) I en blandningsskål, kombinera strösocker, mjukt smör, mjölk och grön matfärg (om så önskas). Vispa tills den är slät och krämig.
l) Bred den gröna frostingen över de avsvalnade browniesna.
m) Ringla eventuellt chokladganache över toppen för en extra touch.
n) Låt browniesna stelna innan du skär dem i rutor.

44. Färsk trädgårdsmyntglass

INGREDIENSER:
- 1½ kopp socker
- 1½ kopp vatten
- 1 kopp färsk ananas; krossad fint
- 2 koppar myntablad; krossa fint
- 1 kopp lätt majssirap
- 1 kopp osötad ananasjuice
- 2 koppar mjölk
- 2 dl vispgrädde
- ¼ kopp Creme de menthe

INSTRUKTIONER:
a) Blanda socker och vatten; koka och rör om tills blandningen kokar. Koka till softballstadiet (235~).
b) Tillsätt myntablad; koka ca 10 minuter längre. Avlägsna från värme; anstränga.
c) Tillsätt majssirap; låt svalna.
d) Tillsätt resterande ingredienser; frys in i en handvänd eller elektrisk glassfrys. Låt mogna.

45.Choklad Mint Espresso Paj

INGREDIENSER:
- 2 koppar veganska chokladkakor eller chokladsmörgåskakor med mintsmak
- 1 (12 ounce) paket veganska halvsöta chokladchips
- 1 (12,3 ounce) paket fast silken tofu, avrunnen och smulad
- 2 msk ren lönnsirap eller agavenektar
- 2 msk vanlig eller vanilj sojamjölk
- 2 msk crème de menthe
- 2 tsk instant espressopulver

INSTRUKTIONER:
a) Värm ugnen till 350°F. Olja lätt en 8-tums pajplatta och ställ åt sidan.
b) Om du använder smörgåskakor, ta försiktigt isär dem och förvara gräddfyllningen i en separat skål. Mal kakorna fint i en matberedare. Tillsätt det veganska margarinet och pulsera tills det är väl inkorporerat.
c) Tryck ut smulblandningen i botten av den förberedda pannan. Grädda i 5 minuter. Om du använder smörgåskakor, medan skorpan fortfarande är varm, sprid den reserverade gräddfyllningen över toppen av skorpan. Ställ åt sidan för att svalna, i 5 minuter.
d) Smält chokladbitarna i en dubbelkokare eller mikrovågsugn. Avsätta.
e) I en mixer eller matberedare, kombinera tofun, lönnsirap, sojamjölk, crème de menthe och espressopulver. Bearbeta tills den är slät
f) Blanda den smälta chokladen i tofublandningen tills den är helt införlivad. Bred ut fyllningen i den beredda skorpan. Ställ i kylen i minst 3 timmar för att stelna innan servering.

46. Creme De Menthe Parfait

INGREDIENSER:
- 3 koppar miniatyrmarshmallows
- ½ kopp mjölk
- 2 msk grön creme de menthe
- 1 kopp halvsöta chokladchips
- ¼ kopp pulveriserat socker
- 1½ dl vispgrädde
- Godismyntablad ELLER- färsk mynta

INSTRUKTIONER:

a) I en medelstor kastrull, kombinera marshmallows och mjölk. Koka på låg värme under konstant omrörning tills marshmallowsen har smält och blandningen är slät.

b) I en liten skål, häll 1 kopp av marshmallowblandningen. Rör ner creme de menthe och ställ åt sidan.

c) Tillsätt chokladbitar och strösocker till marshmallowblandningen som är kvar i kastrullen. Sätt tillbaka kastrullen på låg värme och rör hela tiden tills chipsen smält. Ta bort från värmen och kyl till rumstemperatur.

d) I en stor skål, vispa vispgrädden tills den blir styv och vänd ner 1-½ koppar i myntablandningen. Vänd ner den återstående vispgrädden i chokladblandningen.

e) Skeda växelvis choklad- och myntablandningar i parfaitglas.

f) Kyl tills den är kall eller ställ in i frysen tills den stelnar. Garnera efter önskemål.

47.Creme de Menthe kakkakor

INGREDIENSER:

- 250g paket Oreokex
- 30 g smält osaltat smör
- 40 ml (2 matskedar) creme de menthe
- Några droppar grön matfärg
- 1L vaniljglass
- 30 g mörk choklad, smält

INSTRUKTIONER:

a) Värm ugnen till 180°C.
b) Lägg kexen i en matberedare och bearbeta till fina smulor.
c) Tillsätt det smälta smöret och kombinera.
d) Placera sex 10 x 4 cm runda formar på en platt bakplåt.
e) Packa kexsmulorna i basen av varje form, låt lite blandning komma halvvägs upp på sidorna.
f) Grädda i ugnen i fem minuter och svalna sedan helt.
g) Tillsätt creme de menthe och karamellfärgen i vaniljglassblandningen under den sista vispningen eller precis innan du avslutar kärnningen i en glassmaskin.
h) Om du använder butiksglass, mjukgör den i kylen i 15 minuter och vispa sedan i creme de menthe och matfärg.
i) Fyll formarna med glassen med creme de menthe och jämna till topparna.
j) Frys tills det stelnar.
k) Tvätta och torka bladen noggrant.
l) Pensla undersidan av bladen med den smälta chokladen.
m) Kyl tills chokladen är hård.
n) Skala bort bladet och släng.
o) För att servera, tryck försiktigt upp glassbakorna från formarna på serveringsfat.
p) Dekorera dem med chokladbladen.

48. Creme de Menthe Chokladmousse

INGREDIENSER:
- 6 uns mörk choklad, hackad
- ¾ kopp mjölk
- 3 matskedar creme de menthe
- 1 tsk vaniljextrakt
- 2 koppar tung grädde
- ¼ kopp strösocker

INSTRUKTIONER:
a) I en värmesäker skål, smält den mörka chokladen med mjölk över en dubbelkokare. Rör om tills det är slätt.
b) Ta av från värmen och rör ner creme de menthe och vaniljextrakt. Låt den svalna till rumstemperatur.
c) Vispa grädden och strösockret i en separat skål tills det bildas styva toppar.
d) Vänd försiktigt ner den vispade grädden i chokladblandningen tills den är väl blandad.
e) Häll upp moussen i portionsglas och ställ i kylen i minst 2 timmar.
f) Garnera med ett stänk kakaopulver eller chokladspån före servering.

49. Creme de Menthe Ice Cream Float

INGREDIENSER:
- 2 skopor vaniljglass
- 1-2 msk creme de menthe
- 1 kopp club soda eller kolsyrat vatten
- Vispad grädde till topping
- Chokladspån till garnering

INSTRUKTIONER:
a) Lägg två kulor vaniljglass i ett högt glas.
b) Häll creme de menthe över glassen.
c) Häll långsamt club soda eller kolsyrat vatten i glaset, låt skummet sätta sig.
d) Toppa med vispad grädde och garnera med chokladspån.
e) Servera genast med ett sugrör och en lång sked för en uppfriskande creme de menthe-glassflott.

50. Creme de Menthe Choklad Cheesecake

INGREDIENSER:
FÖR SKORPA:
- 1 ½ dl smulor av chokladkaka
- ¼ kopp osaltat smör, smält

FÖR CHEESECAKE-FYLLNING:
- 24 uns färskost, mjukad
- 1 kopp strösocker
- 3 stora ägg
- 1 tsk vaniljextrakt
- ¼ kopp creme de menthe
- ½ kopp chokladchips

INSTRUKTIONER:
a) Värm ugnen till 325°F (163°C). Blanda smulor av chokladkaka med smält smör och tryck ut i botten av en springform för att skapa skorpan.
b) I en stor skål, vispa färskost och socker tills det är slätt. Tillsätt äggen ett i taget, vispa ordentligt efter varje tillsats.
c) Rör i vaniljextrakt och creme de menthe tills det är helt blandat.
d) Vik i chokladbitar och häll blandningen över skorpan.
e) Grädda i 50-60 minuter eller tills mitten stelnat. Låt svalna innan den ställs i kylen i minst 4 timmar eller över natten.

51. Chokladfondue Creme de Menthe

INGREDIENSER:
- 8 uns mörk choklad, finhackad
- ½ kopp tung grädde
- 2 msk creme de menthe
- Blandade doppbara saker (jordgubbar, bananer, marshmallows, kringlor)

INSTRUKTIONER:
a) Kombinera mörk choklad och tung grädde i en fonduegryta eller en värmesäker skål.
b) Värm på låg värme, rör hela tiden tills chokladen är smält och slät.
c) Rör ner creme de menthe tills det är väl blandat.
d) Håll fonduen varm över låg låga.
e) Ordna de olika doppbara på ett serveringsfat och doppa dem i creme de menthe chokladfondue. Njut av!

52. Limepaj med Creme de Menthe

INGREDIENSER:
FÖR SKORPA:
- 1 ½ dl grahamssmulor
- ⅓ kopp smält smör
- ¼ kopp strösocker

FÖR FYLLNING:
- 1 burk (14 ounces) sötad kondenserad mjölk
- 4 stora äggulor
- ½ kopp färsk limejuice
- Skal av 2 limefrukter

FÖR CREME DE MENTHE Vispgrädde:
- 1 kopp tung grädde
- 2 matskedar strösocker
- 1 msk Creme de Menthe likör

INSTRUKTIONER:
a) Värm ugnen till 350°F (175°C).
b) I en skål, kombinera graham cracker smulor, smält smör och strösocker. Tryck ut blandningen i botten av en 9-tums pajform för att bilda en jämn skorpa. Grädda i den förvärmda ugnen i 8-10 minuter eller tills de är gyllenbruna. Låt den svalna medan du förbereder fyllningen.
c) Vispa ihop den sötade kondenserade mjölken, äggulor, limejuice och limeskal i en stor bunke tills det är väl blandat. Häll blandningen i den avsvalnade skorpan.
d) Grädda pajen i den förvärmda ugnen i 15-20 minuter eller tills fyllningen stelnat. Den ska ha en liten rörelse i mitten. Ta ut ur ugnen och låt den svalna till rumstemperatur. Ställ i kylen i minst 4 timmar eller över natten så att pajen stelnar helt.
e) Vispa grädden i en kyld bunke tills det bildas mjuka toppar. Tillsätt strösockret och Creme de Menthe-likören, fortsätt sedan att vispa tills det bildas styva toppar.
f) Bred Creme de Menthe-vispad grädde över den kylda limepajen precis innan servering. Garnera med ytterligare limeskal om så önskas.
g) Skiva och servera denna uppfriskande limepaj med Creme de Menthe, njut av den perfekta balansen mellan syrlig lime och kall mynta i varje tugga. Det är en härlig behandling för alla tillfällen!

53. Browniesufflé med mintkräm

INGREDIENSER:
- ⅔ kopp vispgrädde
- 3 uns vit choklad; finhackat
- ¼ tesked creme de menthe likör
- 1 förpackning Pillsbury Rich & Moist Brownie Mix
- ½ kopp vatten
- ½ kopp olja
- ½ tesked mynteextrakt (valfritt)
- 4 ägg; separerat
- Florsocker
- myntkvistar; till garnering

INSTRUKTIONER:
a) Spraya en 9 eller 10-tums springform med nonstick-spray.
b) Grädda i mikrovågsugn på hög nivå i 45-60 sekunder eller tills den är varm. Tillsätt vit choklad och myntaextrakt; rör om tills chokladen smält.
c) Ställ i kylen i minst en timme eller tills den är väl kyld.
d) Under tiden i lge. skål, kombinera browniemix, vatten, olja, myntaextrakt och äggulor; slå 50 slag med en sked. Vispa äggvitan i en liten skål tills mjuka toppar bildas. Vänd gradvis ner i brownieblandningen. Häll smeten i en sprayad form.
e) Grädda i 375° eller tills mitten nästan stelnat. Kyl i 30 minuter. (I mitten kommer att sjunka något.) Strö toppen av kakan med strösocker.
f) Strax före servering, vispa kyld mintgrädde tills mjuka toppar bildas. Skär kakan i klyftor; toppa varje klyfta med mintkräm. Garnera med myntfjädrar.

54.Oreo Mint Glass

INGREDIENSER:
- ⅔ kopp oreokakor, grovt hackade
- 2 ägg
- ¾ kopp socker
- 2 koppar tung eller vispgrädde
- 1 kopp mjölk
- 2 tsk creme de menthe likör

INSTRUKTIONER:
a) Lägg kakorna i en skål, täck över dem och ställ dem i kylen.
b) Vispa äggen i en bunke tills de är ljusa och fluffiga, 1 till 2 minuter.
c) Vispa i sockret, lite i taget, och fortsätt att vispa tills det är helt blandat, ca 1 minut till.
d) Häll i grädden och mjölken, vispa ihop. Tillsätt creme de menthe-likören och blanda väl.
e) Överför blandningen till en glassmaskin och frys in, enligt tillverkarens anvisningar.
f) Efter att glassen stelnat, ca 2 minuter, tillsätt de hackade kakorna och fortsätt frysa tills glassen är klar.
g) Låt stå för att mogna och stelna.

55. Mint Chip Cheesecake Mousse

INGREDIENSER:
- 13 vanliga Oreos, finkrossade i matberedare
- 2 msk smör, smält
- 2 matskedar kallt vatten
- 1 ½ tesked gelatinpulver
- 1 ½ dl tjock grädde
- Två 8-ounce förpackningar med färskost, uppmjukade
- Grön och gul matfärg
- 1 tsk myntaextrakt
- ½ tsk creme de menthe likör
- 1 ½ dl strösocker, delat
- 3½-ounce bar halvsöt choklad, finhackad
- Sötad vispgrädde, myntablad och finhackad choklad till garnering

INSTRUKTIONER:

a) Rör ihop krossad Oreos och smör i en mixerskål, dela blandningen mellan 8 små dessertkoppar och tryck försiktigt till ett jämnt lager.
b) Tillsätt vatten i en liten skål och strö sedan gelatin jämnt över toppen och låt vila i 5-10 minuter.
c) Häll under tiden tjock grädde i en medelstor blandningsskål och vispa tills mjuka toppar bildas. Tillsätt ¼ kopp av strösockret och vispa tills det bildas styva toppar, ställ åt sidan.
d) Tillsätt färskost i en separat mixerskål och mixa med en elektrisk stavmixer tills det är slätt och fluffigt, cirka 2 minuter. Tillsätt återstående 1 ¼ koppar strösocker och blanda tills det blandas.
e) Tillsätt mynta och creme de menthe-likör och karamellfärg och blanda tills det blandas, ställ åt sidan.
f) Värm gelatinblandningen i mikrovågsugn på hög effekt i 30 sekunder, ta sedan bort och vispa i 1 minut för att säkerställa att den löser sig väl.
g) Låt svalna i 3 minuter, häll sedan gelatinblandningen i färskostblandningen och mixa omedelbart med en stavmixer för att blanda.
h) Tillsätt vispad gräddblandning och hackad choklad till färskostblandningen och vänd ihop tills den är jämn.
i) Häll blandningen i omgångar i en spritspåse och rör mousse över Oreo-skorpan. Kyl i 3 timmar.
j) Servera kyld och om så önskas pipsötad vispgrädde över toppen, garnera med mynta och hackad choklad.

56.Marshmallow maräng gelato tårta

INGREDIENSER:
- ½ kopp marshmallows
- 20 g mörk (70%) choklad
- 100 g färdig maräng
- 1 ¼ koppar tung grädde
- 2-4 msk creme de menthe likör
- Färsk mynta eller rostad rakad kokos, till garnering

INSTRUKTIONER:
a) Klä en brödform 13 x 23 cm med plastfolie. Se till att du lämnar flera cm plast över sidorna.
b) Hacka chokladen.
c) Krossa marängen till en smula. Försök att göra detta snabbt eftersom marängen tar upp fukt från luften och blir klibbig.
d) Vispa den tunga grädden till mjuka toppar i en stor blandningsskål. Tillsätt creme de menthe och vispa sedan igen i några sekunder tills de mjuka topparna kommer tillbaka.
e) Tillsätt marshmallows och choklad i skålen och vänd ner dem försiktigt i grädden. Tillsätt marängen och vänd försiktigt igen. Häll allt i brödformen och ge det ett par mjuka slag mot bänken så innehållet lägger sig och fördelar sig. Vik den överhängande plasten över toppen av kakan och slå sedan in formen i ytterligare ett lager plastfolie. Lägg kakan i frysen över natten.
f) För att servera, använd den överhängande plasten för att dra ut kakan från formen. Skiva och toppa med kvistar mynta, eller ännu hellre ett stänk rostad, rakad kokos. Det är en mjuk gräddtårta, så sluka den direkt.

57. Creme de Menthe Choklad Trifle

INGREDIENSER:
- 1 ask chokladkakamix (plus ingredienser som behövs för att förbereda den)
- 1 (3,9 uns) paket instant chokladpuddingmix
- 2 dl kall mjölk
- 1/4 kopp Creme de Menthe likör
- 2 dl vispad grädde eller vispad topping
- Chokladspån eller riven choklad till garnering

INSTRUKTIONER:
a) Förbered chokladkakablandningen enligt förpackningens instruktioner och grädda den i en 9x13-tums ugnsform. Låt den svalna helt och skär den sedan i tärningar.
b) Vispa ihop instantchokladpuddingblandningen och kall mjölk i en mixerskål tills den tjocknar.
c) Rör ner Creme de Menthe-likören tills den är väl blandad.
d) I portionsglas eller en småfat, skikta chokladkakatärningarna, chokladpuddingblandningen och vispgrädden, upprepa skikten tills ingredienserna är slut.
e) Garnera toppen av bagatellen med chokladspån eller riven choklad.
f) Kyl bagatellen i minst 1 timme innan servering så att smakerna smälter samman.
g) Servera kyld och njut av din Creme de Menthe-chokladsak!

58.Creme de Menthe gräshoppapaj

INGREDIENSER:
- 1 (9-tums) färdiggjord chokladkaka
- 1 (8 uns) paket färskost, mjukad
- 1/2 kopp strösocker
- 1/4 kopp Creme de Menthe likör
- 1/4 kopp Creme de Cacao likör
- Grön matfärg (valfritt)
- 1 kopp tung grädde, vispad
- Chokladspån för garnering (valfritt)

INSTRUKTIONER:
a) Vispa färskost och strösocker i en bunke tills det är slätt och krämigt.
b) Tillsätt gradvis Creme de Menthe och Creme de Cacao likörerna, blanda tills de är väl kombinerade. Lägg till grön matfärg, om så önskas, för att uppnå en levande grön färg.
c) Vänd ner den vispade grädden tills den är jämnt blandad.
d) Häll blandningen i chokladkakan och jämna till toppen med en spatel.
e) Kyl pajen i minst 4 timmar, eller tills den stelnat.
f) Innan servering, garnera pajen med chokladspån, om så önskas.
g) Skiva och servera kyld. Njut av din Creme de Menthe gräshoppapaj!

59. Creme de Menthe Chocolate Chip Cookies

INGREDIENSER:

- 1 kopp (2 pinnar) osaltat smör, mjukat
- 3/4 kopp strösocker
- 3/4 kopp packat farinsocker
- 2 ägg
- 1 tsk vaniljextrakt
- 1/4 kopp Creme de Menthe likör
- 3 koppar universalmjöl
- 1 tsk bakpulver
- 1/2 tsk salt
- 1 1/2 dl halvsöta chokladchips

INSTRUKTIONER:

a) Värm ugnen till 375°F (190°C). Klä en plåt med bakplåtspapper.
b) I en stor blandningsskål, grädda ihop det mjukade smöret, strösockret och farinsockret tills det är ljust och fluffigt.
c) Vispa i äggen, ett i taget, följt av vaniljextrakt och Creme de Menthe-likör.
d) I en separat skål, vispa ihop mjöl, bakpulver och salt.
e) Tillsätt gradvis de torra ingredienserna till de våta ingredienserna, blanda tills de precis blandas.
f) Rör ner chokladbitarna tills de är jämnt fördelade i kakdegen.
g) Släpp matskedsstora degbollar på det förberedda bakplåten, håll dem cirka 2 tum från varandra.
h) Grädda i 9-11 minuter, eller tills kakorna är gyllenbruna runt kanterna.
i) Låt kakorna svalna på plåten i några minuter innan du lägger över dem på ett galler för att svalna helt.
j) Njut av dina Creme de Menthe-chokladkakor med ett glas mjölk eller en kopp kaffe!

KRYDDER

60.Creme de Menthe Mintsås

INGREDIENSER:
- 1/2 kopp färska myntablad, hackade
- 1/4 kopp Creme de Menthe likör
- 2 matskedar honung
- 1 msk citronsaft
- Salta och peppra efter smak

INSTRUKTIONER:
a) I en liten kastrull, kombinera de hackade färska myntabladen, Creme de Menthe-likör, honung och citronsaft.
b) Låt blandningen sjuda på medelvärme, rör om då och då.
c) Koka i 3-5 minuter, eller tills såsen har tjocknat något.
d) Ta kastrullen från värmen och låt såsen svalna till rumstemperatur.
e) Krydda med salt och peppar efter smak.
f) Servera Creme de Menthe-mintsåsen med grillat lamm, kyckling eller grönsaker.

61. Creme de Menthe Mint Jelly

INGREDIENSER:
- 2 dl färska myntablad
- 1/4 kopp vatten
- 1/4 kopp Creme de Menthe likör
- 1/2 kopp strösocker
- 1 msk citronsaft
- 1 (3 uns) förpackning flytande fruktpektin

INSTRUKTIONER:
a) Pulsera de färska myntabladen med vatten i en matberedare tills de är finhackade.
b) Överför de hackade myntabladen till en kastrull och tillsätt Creme de Menthe-likören, strösocker och citronsaft.
c) Koka upp blandningen på medelhög värme, rör om tills sockret är upplöst.
d) Sänk värmen till låg och låt sjuda i 10-15 minuter, rör om då och då.
e) Ta kastrullen från värmen och låt blandningen svalna något.
f) Sila blandningen genom en finmaskig sil i en ren kastrull, tryck på de fasta ämnena för att extrahera så mycket vätska som möjligt.
g) Häll tillbaka den silade vätskan i kastrullen och låt koka upp på medelhög värme.
h) Rör ner det flytande fruktpektinet och låt koka i 1 minut under konstant omrörning.
i) Ta kastrullen från värmen och låt mintgelén svalna i några minuter.
j) Överför myntgelén till steriliserade burkar och förslut ordentligt.
k) Kyl burkarna tills geléen stelnat.
l) Servera Creme de Menthe mintgelé som krydda med lamm, fläsk eller som glasyr till efterrätter.

62. Creme de Menthe Mint Pesto

INGREDIENSER:
- 2 dl färska myntablad
- 1/4 kopp Creme de Menthe likör
- 1/4 kopp rostade pinjenötter eller mandel
- 2 vitlöksklyftor
- 1/4 kopp riven parmesanost
- 1/2 kopp extra virgin olivolja
- Salta och peppra efter smak

INSTRUKTIONER:
a) Kombinera de färska myntabladen, Creme de Menthe-likören, rostade pinjenötter eller mandel, vitlök och parmesanost i en matberedare.
b) Pulsera tills ingredienserna är finhackade och väl kombinerade.
c) Med matberedaren igång, ringla långsamt i olivoljan tills peston når önskad konsistens.
d) Smaka av med salt och peppar efter smak och pulsera några gånger till för att kombinera.
e) Överför Creme de Menthe mintpeston till en burk eller behållare och förvara den i kylen.
f) Servera myntapeston som krydda till grillat kött, rostade grönsaker eller som pålägg till smörgåsar och wraps.

63. Creme de Menthe Mint Chimichurri

INGREDIENSER:
- 1 dl färska bladpersilja
- 1/2 kopp färska myntablad
- 1/4 kopp Creme de Menthe likör
- 2 vitlöksklyftor
- 1/4 kopp rödvinsvinäger
- 1/2 kopp extra virgin olivolja
- Salta och peppra efter smak

INSTRUKTIONER:
a) I en matberedare eller mixer, kombinera de färska bladpersilja, myntablad, Creme de Menthe-likör, vitlök och rödvinsvinäger.
b) Pulsera tills örterna är finhackade.
c) Med matberedaren igång, ringla långsamt i olivoljan tills chimichurri når önskad konsistens.
d) Smaka av med salt och peppar efter smak och pulsera några gånger till för att kombinera.
e) Överför Creme de Menthe mint chimichurri till en burk eller behållare och förvara den i kylen.
f) Servera mintchimichurri som en krydda till grillad biff, kyckling, fisk eller rostade grönsaker.

64. Creme de Menthe Mint Salsa

INGREDIENSER:
- 2 mogna tomater, tärnade
- 1/2 kopp tärnad rödlök
- 1/4 kopp hackad färsk koriander
- 2 msk hackade färska myntablad
- 1 jalapeñopeppar, kärnad och tärnad
- Saften av 1 lime
- 2 msk Creme de Menthe likör
- Salta och peppra efter smak

INSTRUKTIONER:
a) Kombinera de tärnade tomaterna, rödlöken, koriandern, myntabladen och tärnad jalapeñopeppar i en mixerskål.
b) Ringla limejuice och Creme de Menthe-likör över salsablandningen.
c) Krydda med salt och peppar efter smak och blanda ihop.
d) Låt salsan stå i rumstemperatur i cirka 15-20 minuter så att smakerna smälter samman.
e) Smaka av och justera krydda om det behövs.
f) Servera Creme de Menthe-mintsalsan med tortillachips, grillat kött eller som topping för tacos och burritos.

65. Mint Pesto Dip

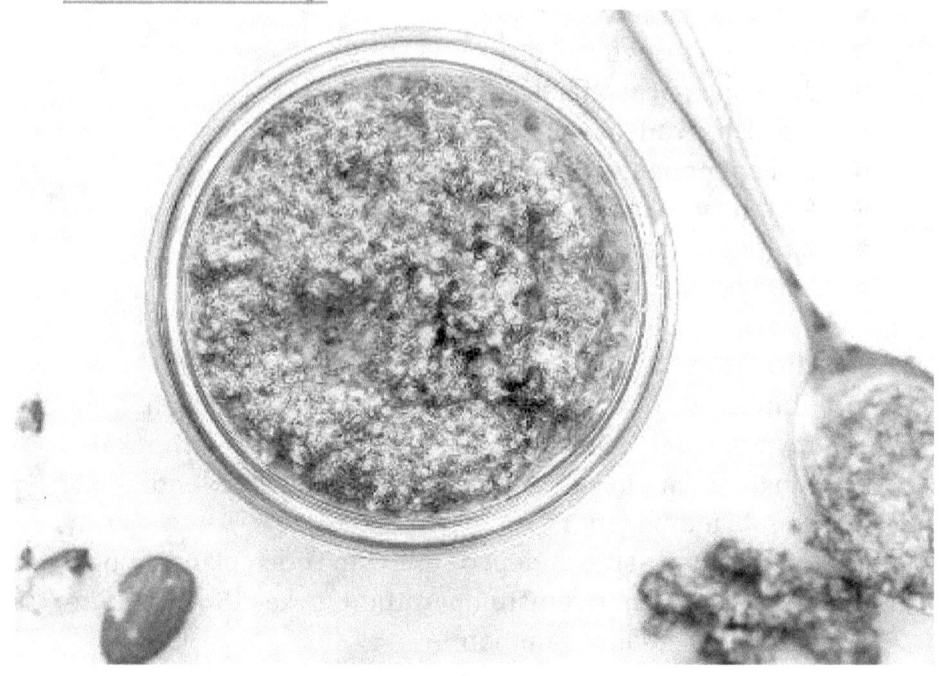

INGREDIENSER:
- 1 kopp färska myntablad
- ¼ kopp pinjenötter
- ¼ kopp riven parmesanost
- ¼ kopp olivolja
- Saften av ½ citron
- Salta och peppra efter smak
- Blandade grönsaker och kex till servering

INSTRUKTIONER:
a) Mixa myntabladen, pinjenötter, parmesanost, olivolja, creme de menthe-likör, salt och peppar i en matberedare till en slät smet.
b) Överför pestodippen till en skål och servera med diverse grönsaker och kex.
c) Njut av!

66. Mintyoghurtsås

INGREDIENSER:
- 1 dl vanlig grekisk yoghurt
- ¼ kopp hackade färska myntablad
- 1 vitlöksklyfta, hackad
- 1 msk creme de menthe likör
- Salta och peppra efter smak

INSTRUKTIONER:
a) I en skål, vispa ihop den grekiska yoghurten, hackade myntablad, hackad vitlök och creme de menthe-likör tills de är väl blandade.
b) Krydda mintyoghurtsåsen med salt och peppar efter smak.
c) Servera mintyoghurtsåsen som en krydda med grillat kött och rostade grönsaker, eller som dipp för chips eller grönsaker.

67.Mynta Aioli

INGREDIENSER:
- ½ kopp majonnäs
- ¼ kopp hackade färska myntablad
- 1 vitlöksklyfta, hackad
- 1 msk creme de menthe likör
- Salta och peppra efter smak

INSTRUKTIONER:
a) I en skål, vispa ihop majonnäs, hackade myntablad, hackad vitlök och creme de menthe-likör tills de är väl blandade.
b) Krydda mintaioli med salt och peppar efter smak.
c) Servera mintaioli som krydda med rostade grönsaker och grillat kött, eller som dipp till pommes frites.
d) Njut av!

68.Mintsenap

INGREDIENSER:
- 6 matskedar Hackad färsk mynta
- 3 msk majonnäs
- ¾ kopp dijonsenap
- 1 vitlöksklyfta - finhackad
- 1 tsk Färsk creme de menthe likör

INSTRUKTIONER:
a) I en liten skål, rör ihop alla ingredienser.
b) Förvara i burk eller burk med tättslutande lock.
c) Kyl tills den ska användas.

COCKTAILS

69. Frostbite Tequila Cocktail

INGREDIENSER:
- 1 ½ uns tequila
- 1 uns blå curaçao likör
- ½ uns vit crème de cacao likör
- ½ uns grädde
- Luxardo körsbär, till garnering

INSTRUKTIONER:
a) curaçao, crème de cacao och grädde i en cocktailshaker. Fyll med is.
b) Sila ner i ett isfyllt gammaldags glas.
c) Garnera med ett körsbär. Servera och njut.

70.Choklad Mint Oreo Drink

INGREDIENSER:
- 3 skopor vaniljglass
- 2 oreokakor, krossade
- 2 Andes Creme de Menthes
- 10 uns krossad is
- 1¼ uns vit creme de menthe
- 1¼ uns vit creme de cacao

INSTRUKTIONER:
a) Häll i en mixer och mixa i två minuter på hög hastighet.

71. Födelsedag Creamy Delight

INGREDIENSER:
- 1 uns crème de menthe
- 1-ounce grädde
- 1 ½ tsk ljus agave nektar
- 2 msk chokladsirap
- 10 myntablad

INSTRUKTIONER:
a) Blanda mynta och agavenektar i en cocktailshaker.
b) Blanda alla ingredienser i en cocktailshaker och häll i.
c) Tjäna

72. Creme de Menthe Glassshots

INGREDIENSER:
- 2 koppar Tung vispgrädde
- 14 ounces sötad kondenserad mjölk
- 1 kopp chokladspån eller halvsöta chokladchips
- ⅓ kopp Creme de Menthe

INSTRUKTIONER:

a) Blanda sötad kondenserad mjölk och Creme de Menthe i en mixer tills det blandas.

b) Häll i den kraftiga vispgrädden och blanda på medium tills mjuka toppar bildas i blandningen, tillsätt sedan chokladspånen tills den precis blandas.

c) Överför blandningen till en fryssäker behållare med lock och frys i 8 timmar.

73.London dimma

INGREDIENSER:
- 1 uns vit crème de menthe
- 1 uns anisett
- Dash av Angostura bitters

INSTRUKTIONER:
a) Fyll cocktailshakern med is.
b) Tillsätt crème de menthe, anisette och bitter.
c) Skaka.
d) Sila upp i ett cocktailglas.

74.Stinger

INGREDIENSER:
- 1 ½ uns konjak
- ½ uns vit crème de menthe

INSTRUKTIONER:
a) Fyll cocktailshakern med is.
b) Tillsätt konjak och crème de menthe.
c) Vispa.
d) Sila upp i ett kylt cocktailglas.

75.amerikansk skönhet

INGREDIENSER:
- ¾ uns konjak
- ¾ uns torr vermouth
- ½ uns grenadin
- ¾ uns apelsinjuice
- ½ uns crème de menthe

INSTRUKTIONER:
a) Fyll cocktailshakern med is.
b) Tillsätt konjak, torr vermouth, grenadine, apelsinjuice och crème de menthe.
c) Skaka.
d) Sila upp i ett kylt cocktailglas.

76.Uppstå min kärlek

INGREDIENSER:
- 1 tsk crème de menthe
- Kyld champagne

INSTRUKTIONER:
a) Häll crème de menthe i en champagneflöjt.
b) Toppa med champagne.

77.Monte Carlo

INGREDIENSER:
- 1 ½ uns gin
- ¾ uns crème de menthe
- ¾ uns citronsaft
- Champagne

INSTRUKTIONER:
a) Fyll cocktailshakern med is.
b) Tillsätt gin, crème de menthe och citronsaft.
c) Skaka.
d) Sila upp i ett highballglas med is.
e) Fyll med champagne.

78.Pall Mall Martini

INGREDIENSER:
- 2 uns gin
- ½ uns torr vermouth
- ½ uns söt vermouth
- 1 tsk vit crème de menthe
- Dash apelsinbitter

INSTRUKTIONER:
a) Fyll cocktailshakern med is.
b) Tillsätt gin, vermouth, crème de menthe och bitter.
c) Vispa.
d) Sila upp i ett kylt martiniglas.

79.Isberg

INGREDIENSER:
- 2 uns gin
- Dash vit crème de menthe

INSTRUKTIONER:
a) Fyll cocktailshakern med is.
b) Tillsätt gin och crème de menthe.
c) Skaka.
d) Sila upp i ett kylt martiniglas.
e) Garnera med färsk mynta.

80. Mint Patty Martini

INGREDIENSER:
- 3 uns pepparvodka
- 2 uns vit crème de menthe
- 1 st Starlight mynta
- 1 uns mörk chokladlikör
- 1 msk pepparmyntssnaps

INSTRUKTIONER:
a) Fyll cocktailshakern med is.
b) Tillsätt pepparvodka, crème de menthe och Starlight mint.
c) Låt shakern stå i en minut.
d) Skaka.
e) Tillsätt mörk chokladlikör.
f) Skaka.
g) Sila upp i två kylda martiniglas.
h) Toppa varje glas med hälften av pepparmintsnapsen.

81.Flygande gräshoppa

INGREDIENSER:
- ¾ uns crème de menthe
- ¾ uns crème de cacao
- ¾ uns vodka

INSTRUKTIONER:
a) Fyll cocktailshakern med is.
b) Tillsätt crème de menthe, crème de cacao och vodka.
c) Vispa.
d) Sila upp i ett hjärtligt glas.

82. Blandad Mocka Frappe

INGREDIENSER:
- ¾ uns kaffelikör
- ¼ uns vit crème de menthe
- ¼ uns crème de cacao
- ¼ uns trippelsek
- Socker

INSTRUKTIONER:
a) Häll kaffelikör, crème de menthe, crème de cacao och triple sec i en cocktailshaker.
b) Rör om utan is.
c) Fyll ett sockerkantat champagneglas med djupt fat med krossad is.
d) Häll blandningen över is.

83.Kaffe gräshoppa

INGREDIENSER:
- ¾ uns kaffelikör
- ¾ uns vit crème de menthe
- ¾ uns grädde

INSTRUKTIONER:
a) Fyll cocktailshakern med is.
b) Tillsätt kaffelikör, vit crème de menthe och grädde.
c) Skaka.
d) Sila upp i ett kylt cocktailglas.

84. Helvit Frappe

INGREDIENSER:
- ½ uns anisett
- ¼ uns vit crème de menthe
- ½ uns crème de cacao
- 1 tsk citronsaft

INSTRUKTIONER:
a) Häll anisette, crème de menthe, crème de cacao och citronsaft i cocktailshakern.
b) Rör om utan is.
c) Häll över krossad is i ett champagneglas med djupt fat.

85.Irländsk ängel

INGREDIENSER:
- ¾ uns irländsk whisky
- ¼ uns crème de cacao
- ¼ uns vit crème de menthe
- 1 ½ uns tung grädde

INSTRUKTIONER:
a) Fyll cocktailshakern med is.
b) Tillsätt whisky, crème de cacao, crème de menthe och grädde.
c) Skaka.
d) Sila av i ett kylt cocktailglas eller i ett gammaldags glas med is.

86. Bushmills Irish Coffee

INGREDIENSER:
- 1 ½ uns Bushmills irländsk whisky
- 1 tsk farinsocker (valfritt)
- 1 streck Crème de menthe, grön
- Extra starkt färskt kaffe
- Vispgrädde

INSTRUKTIONER:
a) Häll whisky i en irländsk kaffekopp och fyll till ½ tum från toppen med kaffe. Tillsätt socker efter smak och blanda. Toppa med vispad grädde och ringla crème de menthe över.
b) Doppa kanten på koppen i socker för att täcka kanten.

87. Gräshoppa Cappuccino

INGREDIENSER:
- Enkel espresso
- ¼ kopp tjock grädde, vispad
- 1½ tsk crème de cacao
- 1½ tsk crème de menthe
- 3 uns mjölk, ångad
- Färsk myntakvist, till garnering
- Sötat chokladpulver

INSTRUKTIONER:
a) Kombinera espresso, crème de menthe och crème de cacao i ett glas.
b) Häll i 1½ uns ångad mjölk och 1½ uns mjölkskum.
c) Lägg ovanpå den vispade grädden och chokladpulvret och dekorera med en färsk myntakvist.

88.Kakao-mint Espresso Shake

INGREDIENSER:
- Enkel espresso
- ¼ tesked crème de menthe
- 1 skopa vaniljglass
- 1 tsk crème de cacao

INSTRUKTIONER:
a) Blanda alla ingredienser i en mixer.
b) Pulsera i 15 till 20 sekunder, eller tills den är slät.

89.Kahlúa Crème De Menthe Coffee

INGREDIENSER:
- ¼ kopp tjock grädde, vispad
- ¾ kopp kaffe
- 2 msk crème de menthe
- 2 matskedar Kahlúa
- Sötat chokladpulver

INSTRUKTIONER:
a) Kombinera Kahlúa och crème de menthe i ett glas.
b) Häll i kaffet och lägg ovanpå vispad grädde och chokladpulvret.

90.Choklad Stinger

INGREDIENSER:
- 22 ml vit crème de menthe
- 60 ml chokladsprit

INSTRUKTIONER:
a) Rör ingredienserna med is och sila ner i ett glas fyllt med krossad is. Garnera med mynta.

91.Fallen ängel

INGREDIENSER:
- 8 ml grön crème de menthe
- 8 ml sockersirap
- 30 ml citronsaft
- 60 ml London torr gin

INSTRUKTIONER:
a) Skaka ingredienserna med is och sila upp i ett kylt glas.
b) Garnera med mynta.

92.Grönt Swizzle

INGREDIENSER:
- 8 ml sockersirap
- 8 ml vit crème de menthe
- 15 ml limejuice
- 1 skvätt bitter
- 60 ml ljus vit rom

INSTRUKTIONER:
a) Häll ingredienserna i glaset.
b) Fyll glaset med krossad is och rör om.

93.Vitklöver

INGREDIENSER:
- 15 ml kallt vatten
- 15 ml grön Chartreuse
- 15 ml grön crème de menthe
- 45 ml torr vermouth
- 45 ml irländsk whisky

INSTRUKTIONER:
a) Skaka ingredienserna med is och sila upp i ett kylt glas.
b) Garnera med mynta.

94. Mint Chocolate Chip Smoothie

INGREDIENSER:
- 1 banan
- 1 kopp spenat
- ½ kopp osötad vaniljmandelmjölk
- ¼ kopp färska myntablad
- 1 matsked honung
- ¼ tesked creme de menthe likör
- 1 msk chokladchips

INSTRUKTIONER:
a) I en mixer, kombinera banan, spenat, mandelmjölk, myntablad, honung och creme de menthe-likör.
b) Mixa tills det är slätt.
c) Häll upp i ett glas och rör ner chokladbitarna.
d) Servera genast och njut!

95.Pepparmynta Boba te

INGREDIENSER:
- 2 teskedar av den tebladssmak du väljer
- 16 uns vatten
- 5-6 uns kokta tapiokapärlor
- 2-3 matskedar creme de menthe sirap
- 4-6 matskedar av mjölktepulverblandningen
- Is efter behov.

INSTRUKTIONER:
a) Gör ditt te.
b) Placera 5 till 6 uns kokta tapiokapärlor i botten av koppen.
c) Tillsätt 2 till 3 matskedar creme de menthe sirap till drycken.
d) Häll teet, tillsammans med mjölken i koppen och skaka, eller blanda det.
e) Tillsätt 4 till 6 matskedar av mjölktepulverblandningen.
f) Tillsätt is efter behov.

96.Creme de Menthe Sparkler

INGREDIENSER:
- 1 uns Creme de Menthe sirap
- 3 uns kolsyrat vatten eller club soda
- 1/2 uns färsk limejuice
- Isbitar
- Limehjul till garnering

INSTRUKTIONER:
a) Fyll ett glas med isbitar.
b) Häll Creme de Menthe-sirapen och färsk limejuice över isen.
c) Toppa med kolsyrat vatten eller club soda.
d) Rör om försiktigt för att kombinera.
e) Garnera med ett limehjul.
f) Servera omedelbart och njut av din uppfriskande Creme de Menthe tomteblossmocktail !

97. Creme de Menthe White Russian

INGREDIENSER:

- 1 1/2 uns vodka
- 3/4 uns kaffelikör (som Kahlúa)
- 3/4 uns Creme de Menthe likör
- 1 uns tung grädde
- Isbitar

INSTRUKTIONER:

a) Fyll ett stenglas med isbitar.
b) Häll vodkan och kaffelikören över isen.
c) Häll långsamt Creme de Menthe-likören över baksidan av en sked för att lägga den ovanpå de andra ingredienserna.
d) Häll försiktigt den tunga grädden över baksidan av en sked för att skapa ytterligare ett lager.
e) Servera med en rörstav och njut av din krämiga och överseende Creme de Menthe White Russian!

98.Creme de Menthe Fizz

INGREDIENSER:
- 1 1/2 uns gin
- 1/2 uns Creme de Menthe likör
- 1/2 uns citronsaft
- 1/2 uns enkel sirap
- Kolsyrat vatten
- Citrontwist till garnering

INSTRUKTIONER:
a) Fyll en cocktailshaker med is.
b) Tillsätt gin, Creme de Menthe-likör, citronsaft och enkel sirap i shakern.
c) Skaka väl tills den är kall.
d) Sila av blandningen i ett glas fyllt med is.
e) Toppa med sodavatten.
f) Garnera med en citrontwist.
g) Servera och njut av din uppfriskande Creme de Menthe fizz cocktail!

99.Creme de Menthe Daiquiri

INGREDIENSER:
- 2 uns vit rom
- 3/4 uns Creme de Menthe likör
- 1 uns färsk limejuice
- 1/2 uns enkel sirap
- Isbitar
- Limehjul till garnering

INSTRUKTIONER:
a) Fyll en cocktailshaker med isbitar.
b) Tillsätt den vita rommen, Creme de Menthe-likören, färsk limejuice och enkel sirap till shakern.
c) Skaka väl tills den är kall.
d) Sila av blandningen i ett kylt cocktailglas.
e) Garnera med ett limehjul.
f) Servera och njut av din uppfriskande Creme de Menthe daiquiri!

100. Creme de Menthe Margarita

INGREDIENSER:
- 2 uns tequila
- 3/4 uns Creme de Menthe likör
- 1 uns färsk limejuice
- 1/2 uns trippelsek
- Isbitar
- Salt för rimning (valfritt)
- Limeklyfta till garnering

INSTRUKTIONER:
a) Om så önskas kan du randa kanten på ett margaritaglas med salt genom att gnugga en limeklyfta runt kanten och doppa den i salt.
b) Fyll glaset med isbitar.
c) I en cocktailshaker, kombinera tequila, Creme de Menthe-likör, färsk limejuice och triple sec.
d) Tillsätt is i shakern och skaka ordentligt tills den är kall.
e) Sila av blandningen i det förberedda margaritaglaset.
f) Garnera med en limeklyfta.
g) Servera och njut av din livfulla och smakrika Creme de Menthe margarita!

SLUTSATS

När vi kommer till slutet av vår utforskning av crème de menthe-kökets rike, hoppas jag att du känner dig inspirerad att fördjupa dig ytterligare i mångsidigheten och den fantasifulla potentialen hos denna omhuldade likör i ditt eget kök. Oavsett om du blandar cocktails för sammankomster med vänner, skapar överdådiga desserter eller ger dig ut i smakrika rätters rike, erbjuder crème de menthe oändliga möjligheter till kulinariska experiment och njutning.

Jag uttrycker min hjärtliga tacksamhet för att jag fick följa med mig på denna smakrika expedition. Må dina kulinariska ansträngningar berikas av den livliga essensen och den uppiggande doften av crème de menthe, som ger varje skapelse inte bara smak utan också en touch av mintiga fräschör. Här är till glädjen, belåtenheten och nyfunna kulinariska upptäckter som väntar dig. Tills våra vägar korsas igen, må dina kulinariska ansträngningar fyllas med lycka och må dina framtida matlagningssatsningar präglas av härliga överraskningar och läckra smaker.